Tiere von Meer und Küste

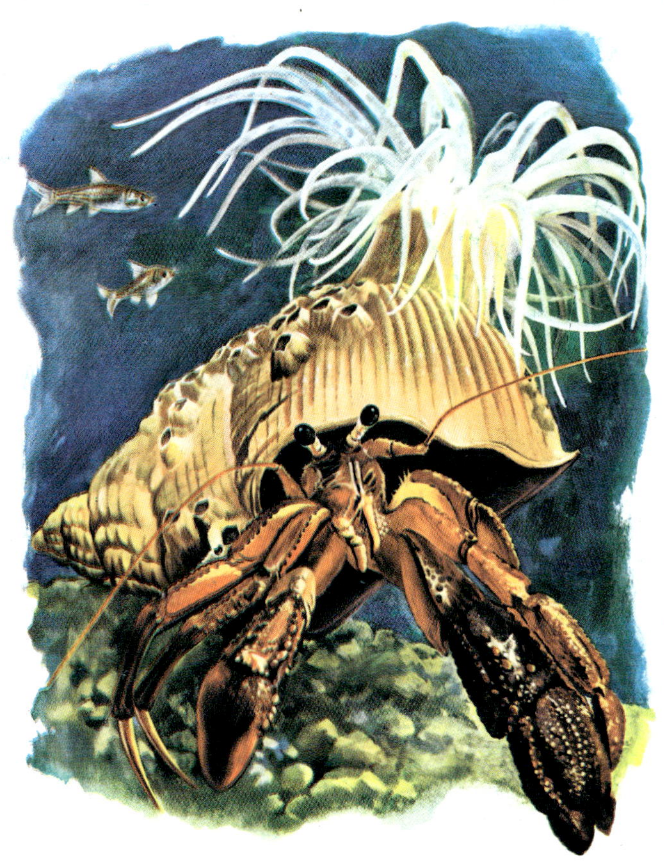

Kosmos · Gesellschaft der Naturfreunde
Franckh'sche Verlagshandlung · Stuttgart

Der Schwertfisch

Dieser Fisch erhielt seinen Namen wegen seines Oberkieferfortsatzes, der spitz wie eine Stichwaffe ist. Sein „Charakter" entspricht dieser ritterlichen Waffe. Der Schwertfisch ist stark, kämpferisch und sehr schnell. Dieser kräftige Schwimmer verbringt sein Leben auf immerwährenden Streifzügen. Er ist in allen Ozeanen zu finden und hat eine durchschnittliche Länge von etwa zwei bis drei Metern (manche Exemplare werden sogar fünf Meter lang und mehr als 500 kg schwer). Als Einzelgänger jagt er allein in den Meeren. Schon von fern können die Fischer ihn leicht erblicken, weil er meistens dicht an der Oberfläche schwimmt und seine hohe Rückenflosse aus dem Wasser herausragt. Dann beginnt eine erbarmungslose Jagd mit Angeln, Harpunen, manchmal sogar mit Netzen. Aber er wehrt und verteidigt sich dennoch bis zum Äußersten seiner Kräfte. „Den Schwertfisch zu fangen ist dasselbe wie einen Tiger zu fangen."

Weißt du,
daß der Schwertfisch am Anfang seines Oberkieferfortsatzes einen natürlichen Dämpfer besitzt, der seine starken Florettstiche abfängt?

Der Schwertfisch scheint alle Arten von Booten zu hassen und greift diese oft an, ohne selbst angegriffen worden zu sein. Im Museum für Naturgeschichte in London ist ein Stück Schiffsrumpf ausgestellt, das von drei zerbrochenen „Schwertern" durchbohrt ist.

Die Wache auf der Spitze des Schiffsmastes hat die sichelförmige Flosse eines Schwertfisches erblickt und dirigiert das Boot so weit in seine Richtung, bis der Jäger, auf dem Steg stehend, den Fisch mit der Harpune schießen kann.

Beim männlichen Schwertfisch ist das Zugehörigkeitsgefühl zum Weibchen stark entwickelt. Wenn es gefangen wird, folgt er dem Schiff bis zum Ufer. Die Fischer, die das wissen, harpunieren zuerst das Weibchen, um dann auch das Männchen zu bekommen.

Wenn der Schwertfisch auf einen Makrelenschwarm stößt, schwimmt er mit voller Geschwindigkeit mitten hinein und mäht buchstäblich mit den breiten Schneiden seines „Säbels" die Fische nieder, bis er genug hat für eine gute Mahlzeit.

Durch Stücke von „Schwertern", die im Körper einiger Blauwale gefunden wurden, weiß man, daß dieser zornige „d'Artagnan" friedliche Wale angreift. Vielleicht verwechselt er sie mit einigen seiner größten Feinde, die unter den Raubwalen zu finden sind.

Und hier sind noch einige andere berühmte Schwertfische des Meeres. Der Blaue Schwertfisch ist unverwechselbar wegen seiner auffälligen Rückenflosse. Die anderen beiden sind der Weiße Marlin und der Schwarze Marlin (2,50 m bzw. 4,35 m lang).

Der Seehund

Wir alle haben schon einmal im Zoo einen Meister im Schwimmen und Tauchen bewundert, den Seehund. Wie ein Torpedo schießt er durchs Wasser und erklimmt mit seinen flossenartigen Beinen die künstliche Insel, welche die Sandbänke und Klippen seiner Heimat ersetzen soll. So schnell und wendig sich der Seehund mit seinem der Strömung angepaßten Körper im Wasser tummelt, so tolpatschig bewegt er sich an Land. Unser liebenswerter, ungefähr 2 m langer, bepelzter Fischjäger ist gutmütig, gesellig und läßt sich leicht dressieren. Vor allem aber ist er eine unverbesserliche Schlafmütze. In jeder Lage an Land und im Wasser, auf Steinen, auf dem Eis, an der Wasseroberfläche, an der Sonne, bei Gewitter, allein oder in Gesellschaft, döst und schläft der Flossenfüßer vor sich hin. Vielleicht rührt seine Ruhe daher, daß er in seinem natürlichen Lebensbereich keine Feinde hat. Nur vor den Eisbären muß er sich hüten und dann natürlich vor dem Menschen, der ihn gerne wegen seines Fettes und Pelzes jagt.

Weißt du,
daß der Seehund schneller als die meisten Fische schwimmen kann? Daß er bis zu hundert Meter tief tauchen kann? Daß er mehr als zwanzig Minuten unter Wasser bleiben kann?

Nahrung:

Fische

Weichtiere

Krebstiere

Die Seehunde bringen jeweils nur ein Junges zur Welt. Aufmerksam und fürsorglich beschützt die Seehundmutter ihr Kind und läßt sich lieber töten, ehe sie es preisgibt. Hier trägt sie ihr Kleines am Genick, so wie auch Katzenmütter ihre Jungen schleppen.

Die verspielten und intelligenten Seehunde zeigen für jeden Fremdling Neugierde. Wenn zum Beispiel ein Boot vorbeikommt, springen sie aus dem Wasser hervor, beobachten das Schiff und stoßen freundliche Schreie aus.

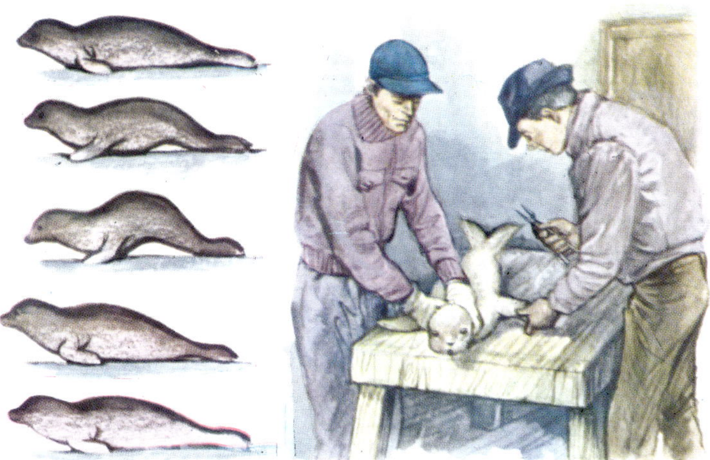

Im Wasser müssen die Seehunde den Angriff besonders gefährlicher Feinde, der Schwertfische, fürchten. Hier siehst du eine Verfolgungsjagd.

Da Seehunde anstelle von Beinen Flossen haben, müssen sie sich an Land springend bewegen. Zoologen kennzeichnen schon die ganz jungen Tiere, um ihren Lebensweg verfolgen zu können: ihre Wanderungen, ihre Vermehrung und ihr Sterben.

Fast alle Flossenfüßer sind in Gefahr, vom Menschen ausgerottet zu werden. Er schätzt ihren Pelz sehr, und deshalb müssen jährlich viele Tiere ihr Leben lassen. Auf dem Bild siehst du den größten Flossenfüßer, den See-Elefanten (6 m lang und 3 t schwer). Zu den aggressivsten Flossenfüßern gehören der Seeleopard und die Klappmütze. Der lebhafteste und fröhlichste ist der Seelöwe.

Der Papageitaucher

Ein recht merkwürdiger Geselle hat sich hier auf dem Felsen niedergelassen. Ein wenig erinnert der wunderliche Vogel, der an den Meeresküsten lebt, an den traurigen Clown eines kleinen Zirkusses. Nicht umsonst nennt man ihn Papageitaucher, fällt einem doch als erstes sein seitlich zusammengedrückter, schreiend bunter Schnabel auf, der mit dem Gefieder eines Papageis durchaus wetteifern kann. Doch der Schnabel, der uns so belustigt, ist für den Vogel ein wichtiges Werkzeug. Fachmännisch zerlegt er damit seine Beute. Auch als Ausdrucksmittel ist er für ihn unentbehrlich: Die geselligen Vögel verständigen sich schweigend mit graziösem Kopfnicken. Am Ende der „Unterhaltung" reiben sie die Schnäbel aneinander. Schade, daß viele Tausende der munteren Tiere jedes Jahr durch die Hand der Jäger ihr Leben lassen müssen.

Weißt du,

daß das Junge des Papageitauchers während seiner Kindheit mindestens zweitausend Fische verschlingt? Daß dieser 30 cm lange Vogel innerhalb von 24 Stunden das Doppelte seines eigenen Körpergewichts an Futter braucht?

Wenn die Papageitaucher im Frühjahr zu ihren alten Nesthöhlen an der britischen Küste zurückkehren, sind diese oft von Wildkaninchen besetzt. Doch die Eindringlinge fliehen erschrocken, wenn ihnen die Zurückgekommenen ihren grellgelben Schlund zeigen. Sollte der Schreck aber nicht genügen, vertreiben die Papageitaucher die Fremden mit Schnabelhieben.

Die Papageitaucher können durch ihre besondere Schnabelform drei oder vier Fische gleichzeitig im Schnabel halten, ohne einen davon zu verlieren. — Daß Papageitaucher ihre Jungen auf dem Rücken transportieren, ist nicht erwiesen.

Nach längstens zwei Monaten fürsorglicher Pflege werden die Jungen von den Eltern verlassen. Sie müssen nun selbst für sich sorgen. Zunächst hungert die junge Generation ein paar Tage. Dann wartet sie, um keinem Feind zu begegnen, die Nacht ab, verläßt die schützende Höhle und stürzt sich beutehungrig ins Meer.

Die erwachsenen Papageitaucher haben ihre Familienpflichten erfüllt und fliegen auf das Meer hinaus, wo sie viele Wochen lang bleiben. Eines Tages jedoch führt sie ihr angeborener Orientierungssinn zu ihrem Nest zurück. Sie legen nur ein großes Ei.

Arglos und neugierig nähern sich die Papageitaucher ihren schlimmsten Feinden! Leider kommt sie diese Neugier teuer zu stehen, denn sie werden von der großen Möwe mit Schnabelhieben getötet.

Gefangen! Das Fleisch und Federkleid des Papageitauchers werden sehr geschätzt. Nun ist er in das Netz eines Eskimos geraten. – Am Ende des Sommers wirft der Vogel die farbige Hornschicht am Schnabel ab und seine weißen Wangen färben sich grau.

Der Große Drachenkopf

Zack, hast du gesehen, wie der Große Drachenkopf gerade seine Beute erlegt hat?

Geduldig ist er stundenlang im schlammigen Wasser und um Felsklippen herumgeschwommen, hat den „toten Mann" gespielt und auf einen guten Happen gelauert. Nun war endlich ein schmackhaftes Fressen aufgetaucht — Krebs, Weichtier, kleiner Fisch. Der scheinbar „Tote" schoß aus seinem Versteck hervor und kehrte mit seinem Opfer kurz darauf dorthin zurück. Gerade hat er in aller Ruhe einen guten Brocken verspeist.

Die Waffen des dicken, plumpen, mit Dornen bedeckten Fisches sind die giftigen Stacheln seiner Rückenflossen. Er kann einen mit diesen Flossenstacheln recht schmerzhaft, zum Glück aber nicht tödlich, stechen.

Wenn man sich den grimmig dreinschauenden, 40 cm langen Gesellen mit dem gierigen Maul und den hervorquellenden Augen genau betrachtet, erinnert er an den Nachfahren eines vorzeitlichen Tieres.

Weißt du,
daß man den Großen Drachenkopf im Aquarium halten kann und daß er dort sogar Eier ablegt, als ob er sich in seiner natürlichen Umgebung befände?

Nahrung:

Krebstiere

Fische

Sind das zwei antike Masken? Nein, solche Grimassen schneidet der Drachenkopf beim Atmen. Auf dem linken Bild atmet er ein: Sein Maul ist halb geöffnet, die Backen sind aufgeblasen. Rechts atmet er aus: Sein Maul ist geschlossen, seine Backen sind wieder eingefallen.

Schon bei der Geburt gleichen die jungen Drachenköpfe ihren Eltern. Bis sie ganz entwickelt sind, leben sie in Küstennähe. Hier siehst du, wie sie von einem Raubfisch gejagt werden.

Wie viele andere Meeresbewohner, so hat auch der Drachenkopf außerordentlich viele Möglichkeiten, sich zu tarnen. In der Nähe der Wasseroberfläche, in den durch die Ebbe entstandenen Tümpeln, behält er seine natürliche Färbung. Auf dem Meeresgrund

gleicht er sich entsprechend an. Im Schatten wird er braun und bekommt schwarze Flecken. Unter einem schwarzen Felsvorsprung schließlich färbt er sich schwarz.

Die schmackhafte „Bouillabaisse" (Fischsuppe), eine Spezialität der Mittelmeerküche und der ganze Stolz von Marseille, könnte abgesehen von Knoblauch, Zwiebeln und verschiedenen Kräutern nicht ohne den Drachenkopf zubereitet werden.

Zu den Verwandten des Drachenkopfes gehören zwei wegen ihrer giftigen Stacheln gefährliche Fische. Der eine ist der Rotfeuerfisch, der andere der australische Steinfisch, der wohl giftigste Fisch überhaupt.

Die Kompaßqualle

Im Wasser schwebend bewegt sich die Kompaßqualle mit den sanften Bewegungen einer Tänzerin. Ihr weiter, kuppelförmiger „Hut" (bis 35 cm breit) wogt hin und her und zieht mit leichten rhythmischen Bewegungen die langen, mit Spitzen verzierten Fransen hinter sich her. Wer würde vermuten, daß sich hinter einer solch zarten und schönen Erscheinung eine tödliche Falle verbirgt? Aber genau so ist es. Diese unwirklich aussehenden, durchsichtigen Kreaturen sind vielen Meeresbewohnern und sogar dem Menschen gefährlich. Die durchsichtigen Fühler, mit denen sie die Beute umschlingen, besitzen mikroskopisch kleine Zellen, die mit einer Flüssigkeit gefüllt sind, die eine lähmende Wirkung besitzt. Doch das Seltsamste an diesen phantastischen Gebilden ist, daß sie aus über 95 % Wasser bestehen. Man glaubt es kaum. Nimmt man aber eine Qualle (Vorsicht! Ihre Berührung ruft starkes Brennen hervor) und legt sie in die Sonne, dann hat sich nach einigen Stunden der farblose oder etwas rosa, violett oder hellblau gefärbte Körper in einen dünnen Film aufgelöst.

Weißt du,
daß diese Qualle ihren Namen nach der kompaßartigen Zeichnung auf ihrem Schirm erhalten hat? Daß es Quallen gibt, deren Fangarme mehrere Meter lang sind?

Nahrung:

Kleine Fische

Pfeilwürmer

Die Kompaßqualle, eine Bewohnerin des Atlantik und des Mittelmeeres, bildet manchmal viele Meter lange Schwärme, die nachts leuchten und im Wasser wie brennendes Öl erscheinen.

Die Quallen leben meistens an der Wasseroberfläche und lassen sich von den Strömungen treiben. Oft bleiben die Quallen bei Ebbe auf dem Trockenen liegen. Trotzdem muß man sich vor ihnen in acht nehmen, denn sie können immer noch brennen.

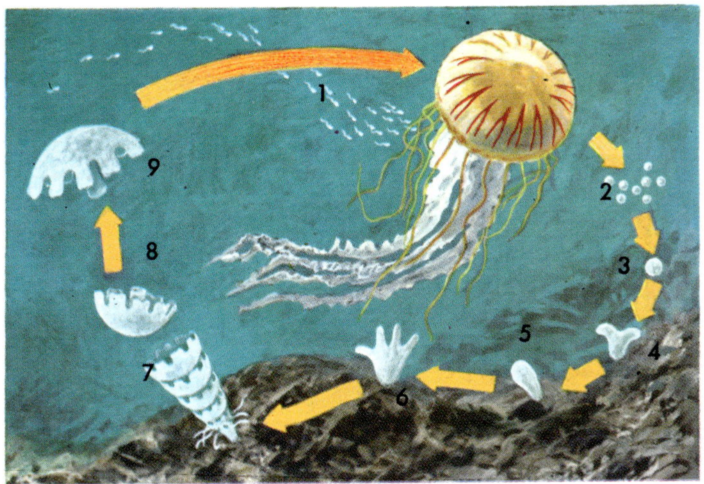

Aus der Verbindung der im Wasser schwimmenden männlichen (1) und weiblichen (2) Fortpflanzungszellen entsteht ein kleiner Polyp (4). Dieser setzt sich auf dem Grunde fest und nach verschiedenen Entwicklungsformen teilt er sich, und es entstehen viele Quallen.

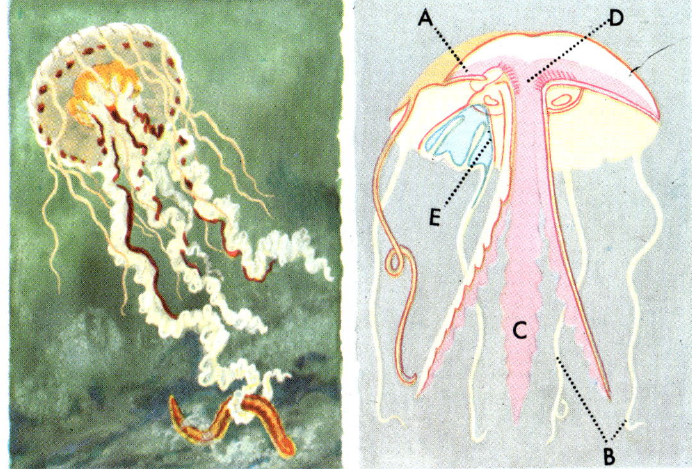

Die empfindlichen Mundlappen „tasten" den Boden ab und packen jedes Lebewesen wie hier diesen Meereswurm. Rechts der Längsschnitt einer Qualle: A) Schirm, B) Fangarme, C) Stiel, D) Magen, E) Magentaschen.

Mit ihren 40 m langen Fangarmen ist die Portugiesische Galeere auch aus weiter Entfernung den Schwimmern gefährlich. Und doch gibt es Fische, die sich im Schutze dieser Fangarme aufhalten, ohne getötet zu werden.

Wenn sie von einem Raubfisch verfolgt werden, wie hier von einer Makrele, flüchten sich die Fischlein zwischen die giftigen Nesselfäden einer Qualle, wie Küken unter die Flügel der Glucke.

Der Krake

Jeder alte Seebär, der etwas auf sich hält, hat stets ein gruseliges Abenteuer parat. Meistens handelt es von einem soo…großen Kraken, und nach den Gebärden, mit denen der Erzähler seine Geschichte begleitet, stellt man sich ein riesiges Untier mit tausend Armen und einer fast unbezwingbaren Kraft vor. Natürlich gibt es Kraken von ungewöhnlichen Ausmaßen auf dieser Welt, doch diejenigen, die in den europäischen Meeren leben, werden allerhöchstens eineinhalb Meter lang. Die meisten haben bescheidenere Ausmaße. Trotzdem aber sehen sie teuflisch aus mit ihren acht weichen, gekrümmten Armen und dem starren Blick eines Roboters. Doch abgesehen von seinem Aussehen ist der Krake ein gutmütiges Tier und ein friedlicher Bewohner der Meere. Eine gute Mahlzeit aber verschmäht er nie. Sein Leben verläuft ruhig und anspruchslos. Oft lauert er auf einem bequemen Felsvorsprung, von dem aus er gelegentlich seine Arme ausstreckt, um eine unvorsichtige Beute zu packen. Sobald er von einem Eindringling gestört wird, empfängt ihn der Krake mit einem Strahl schwarzer „Tinte" und treibt ihn durch diese Wolke in die Flucht.

Weißt du,
daß der Krake drei Herzen hat, von denen zwei das sauerstoffarme Blut zu den Kiemen treiben, während das dritte das sauerstoffreiche Blut in den Körper pumpt? Daß das Blut des Kraken blau ist?

Das Weibchen des Kraken ist eine fürsorgliche Mutter. Hier siehst du, wie sie mit ihren Armen das Wasser bewegt, um die vor kurzem gelegten Eier mit Sauerstoff zu versorgen. Im Kreis siehst du den Embryo im Ei und eine winzige Larve.

Graziös bewegt sich der Krake mit einer Art Düsenantrieb über den Meeresboden. Dieses phantastisch aussehende Geschöpf kann aber auch mit Hilfe der Arme auf dem Meeresgrund umherstreifen.

Erinnern dich die Fangarme der Kraken nicht an die Lichter eines Rummelplatzes? Sogar ihre Farbe können die Arme mehrmals wechseln. Das ist für den Kraken, besonders wenn er sich verbergen muß, sehr vorteilhaft. – In seinem eigenartigen Mund befindet sich ein dem Papageienschnabel ähnlicher Kiefer. – Dicke Wolken dunkler Flüssigkeit stößt der Krake aus, um sich zu tarnen und sich gegen Feinde zu verteidigen.

Der Krake wirft ein Steinchen zwischen die geöffneten Schalen der Muschel, damit sie sich nicht schließen kann. Nun kann er die Muschel in aller Ruhe verzehren. Doch warte nur: hier nähert sich ein Thunfisch, ein gefährlicher Feind der Kraken.

Krakenfleisch ist beim Menschen sehr begehrt. Doch Thunfisch und Mensch sind nicht die einzigen Feinde unseres „Meeresungeheuers". Auch vor der Muräne, den Zahnwalen und dem großen Sägebarsch muß er sich hüten.

Die Lachmöwe

In der Luft ist die ungefähr 38 cm lange Lachmöwe eine Königin. Vielleicht konntest du schon einmal beobachten, wie sie mit weit ausgebreiteten, fast regungslosen Flügeln schwebt, wie sie plötzlich aufsteigt und dann wieder sinkt, fast wie ein Adler ihre Kreise ziehend. Dann schießt sie auf einmal im Sturzflug aufs Wasser herunter, berührt kaum wahrnehmbar die Meeresoberfläche und läßt sich mit der erjagten Beute, ein kleiner Fisch vielleicht, auf den Wellen nieder, leicht schaukelnd wie ein Strohhalm. Auf dem Festland dagegen bewegt sie sich auf ihren Schwimmfüßen fast ein wenig plump. Die Lachmöwe ist ein Vielfraß und immer auf Nahrungssuche. Dabei ist sie nicht wählerisch, mit allem, was ihr vor den Schnabel kommt, nimmt sie vorlieb. Ihr Heißhunger läßt sie zur Räuberin werden: Oft stürzt sie sich auf Enten in den Teichen und reißt ihnen den Bissen aus dem Schnabel. Doch bösartig ist sie ganz und gar nicht, sondern nur immer darauf bedacht, sich den Magen zu füllen.

Weißt du,
daß die Lachmöve während des Winters ihre dunkelbraune „Mütze" verliert und einen fast vollständig weißen Kopf bekommt?

Nahrung:

Fische

Küchenabfälle

Im Frühling lockt das Männchen das Weibchen mit einem langgezogenen Schrei. Die beiden führen einen wilden Tanz auf. Danach strecken die Vögel ihre Schnäbel nach vorn und besiegeln so ihre Zusammengehörigkeit.

Nachts schleicht sich ein Igel ganz leise an die Nester der Lachmöwe und frißt die Vogelbrut. Die Vögel nehmen eine drohende Haltung ein und versuchen dadurch, den Räuber in die Flucht zu schlagen. Auch Füchse und Krähen rauben die Nester aus.

Die Nahrungssuche ist mühsam. Viel leichter fängt man den Fisch, der in Netzen an Bord gezogen wird. Alles, was ins Netz gerät, sind willkommene Brocken, um die sich ganze Scharen von Lachmöwen streiten.

Schwärme dieser Vögel können beträchtliche Schäden an einem Flugzeug anrichten, wenn sie mit ihm zusammenstoßen. Auch große Flugzeuge werden dadurch manchmal zu einer Notlandung gezwungen.

Der Pflug bringt eine schmackhafte Mahlzeit an die Oberfläche: Regenwürmer und Insektenlarven. Manche Lachmöwen, die unvorsichtig sind, weil sie gierig auf einen Brocken warten, laufen Gefahr, von den Rädern des Traktors zermalmt zu werden.

Stare, Raben und auch viele andere kleine Vögel werden zu Jagdgefährten der Lachmöve, wenn große Ameisenschwärme in der Luft ihren „Hochzeitsflug" machen.

Der Seestern

Hast du schon einmal am Strand einen Seestern gefunden? Steif und unbeweglich streckt das seltsame Lebewesen ohne Kopf und Schwanz seine fünf Arme aus und erscheint uns auf den ersten Blick vollkommen leblos. Man könnte meinen, Neptun, der römische Meeresgott, habe ihn nur ausgesetzt, um die Felsenriffe in der Tiefe zu schmücken. Doch wenn du das Tier eine Weile beobachtest, entdeckst du, daß es sich fast unmerklich bewegt und vorwärts kriecht. Zarte, durchsichtige, kaum einen Zentimeter große Stützen sind seine Beine. An den Enden haben sie Ansaugkissen, die sich an einem Gegenstand festheften und den Körper nachziehen können. Wie aber überhaupt ist es möglich, daß diese weichen, schwachen Füßchen das Tier, das immerhin einen Durchmesser von 30 cm hat, tragen können? Wasser dringt durch eine durchlöcherte Platte wie durch ein Sieb hinein und durchströmt durch ein Wassergefäßsystem die inneren Organe des Seesterns bis hin zu seinen spitzen Armenden. Will der Seestern

sich bewegen, pumpt er Wasser in seine Beine und läßt es dann wieder zurückfließen. Mit den Saugfüßchen an den Armenden, die sich ständig bewegen und umhertasten, orientiert er sich und findet so seinen Weg. Die Enden der Arme sind geschmacksempfindlich und nehmen sogar Lichtreize wahr. Hat der Seestern eine Beute entdeckt, stürzt er sich mit unbeholfenen Bewegungen auf sein Opfer. Mit einer besonderen Angriffstechnik kann er die Beute überwältigen und in kürzester Zeit ist sie schon verdaut. Nach beendeter Mahlzeit kriecht der Seestern viel langsamer noch als eine Schnecke auf den Felsenriffen in der Tiefe umher.

Weißt du,

daß dem Seestern die Arme, die er verliert, wieder nachwachsen? Daß ein Arm ein neues Tier bilden kann?

Nahrung:

Muscheln

Seeigel

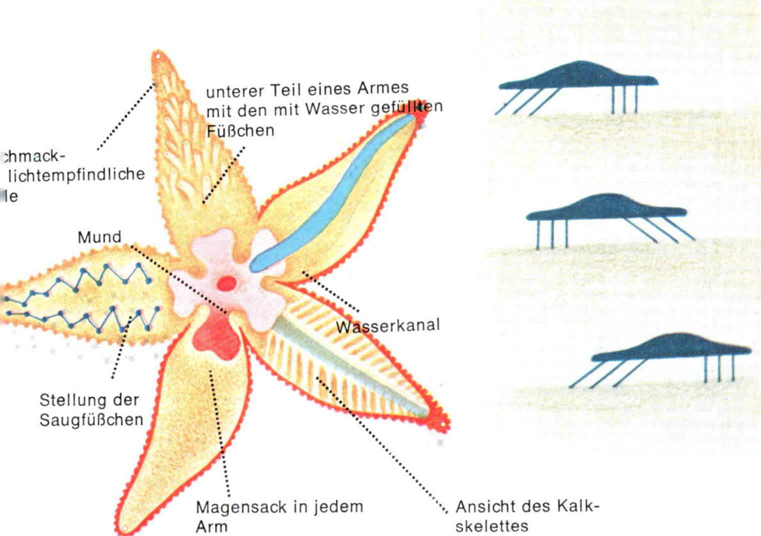

Hier siehst du eine schematische Zeichnung vom Aufbau eines Seesterns. Rechts zeigen drei Bilder die verschiedenen Stadien der Vorwärtsbewegung. Einige Füße berühren den Boden, während andere sich gerade nach vorn bewegen.

Dies sind nicht die geheimnisvollen Erscheinungen einer verzauberten Welt, sondern die aufeinanderfolgenden Entwicklungsstufen eines Seesterns. Im Kreis siehst du eine Seesternart, die ihre Jungen mit sich herumträgt.

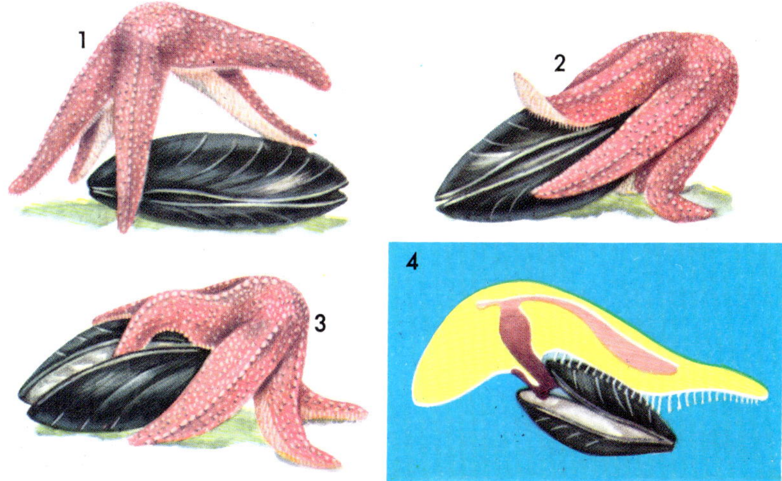

Wenn unser Freund sich nähert, fliehen Kamm-Muscheln und Seeigel und graben sich in den Sand ein, während die Seescheiden seine ersten Opfer sind, da sie sich nicht bewegen können.

Sobald ein Seestern eine Miesmuschel findet, bekommt er Appetit. Er steigt auf die Muschel und zwingt sie mit seinen Armen, die Schale zu öffnen. Dann stülpt er seinen Magen vor und verdaut die Muschel außerhalb seines Körpers.

Manchmal spülen Strömungen und Gezeiten den Seestern ans Ufer. Die neue Umwelt birgt viele Gefahren: Die scharfen Klippen, der spitze Schnabel der Möwen und die Fänge der Greifvögel, für die der Seestern Material zum Nestbau ist.

Diese Seesterne gleichen lebenden Mosaiken! Oben der plumpe Kissenstern, der Sonnenstern und eine blaue Form. Unten ein Schlangenstern neben einem Medusenstern mit vielen Armen, der in den tiefsten Gewässern lebt, und schließlich eine Meeressonne.

Die Muräne

Wird dir nicht auch ein wenig unbehaglich zumute,
wenn dir die starr hervorstehenden Augen der Muräne aus dem Bild entgegenfunkeln? Ganz unrecht
hast du mit deinem Unbehagen nicht, denn sie zählt
tatsächlich mit zu den gefährlichsten Meeresbewohnern. Die Muräne ist ein ungefähr 1,5 Meter langes
Muskelbündel, das mit seinen gekrümmten und
äußerst spitzen Zähnen in jede Richtung schnappen
kann. Fast immer schaut sie mit offenem Maul aus
irgendeinem Felsspalt hervor und bläht dabei rhyth-
misch ihren Hals auf wie eine Kobra. Mit dieser dro-
hend wirkenden Bewegung pumpt sie aber lediglich
Atemwasser durch ihre Kiemen.

In ihrem Reich hat die Muräne wenig Gegner, und
gäbe es keine Harpunen, so stürbe sie gewiß nur an
Altersschwäche oder irgendeiner Krankheit. Auch
der Mensch kann dieses Tier nur schwer aus seinem
Versteck locken. Wird dieser „Panther der Meere"
einmal von einer Harpune getroffen, so hält er sich
zäh in jedem Felsspalt fest. Dort rollt sich die Muräne auch ein. Im offenen Meer dagegen macht ihr
langer Körper Schlangenbewegungen. Gelingt es
einem Taucher, sie zu treffen, spürt er, wie sich seine
metallene Harpune unter ihrem Gewicht biegt.

Weißt du,
daß es über 120 verschiedene Arten von Muränen
gibt? Daß sie sich manchmal ihre Zähne durch kleine
Fische putzen lassen, die besser als eine Zahnbürste
arbeiten?

Nahrung:

Fische

Kraken

Sepien

Wie die Schlangen im Korb eines Zauberkünstlers gebündelt, warten einige Muränen auf ihre Beute. Auch eine Amphore kann ein gutes Versteck sein, jedoch ohne Notausgang.

In den tropischen Gewässern wagen es Krebse, sich von den Muränen herumtragen zu lassen. Sie befreien sie von ihren Parasiten, was für die Muräne eine Wohltat ist, und sind deshalb von ihr geduldet.

Der Krake ist das einzige Tier, das die Muräne besiegen kann. Allerdings muß er bei einem solchen Kampf oft ein paar Arme opfern.

Der Mensch, der die Herrschaft der Muräne in der Unterwasserwelt bedroht und Jagd auf sie macht, muß dabei sehr vorsichtig sein. Wer nicht kaltblütig ist und gut zielt, muß auf unliebsame Überraschungen gefaßt sein.

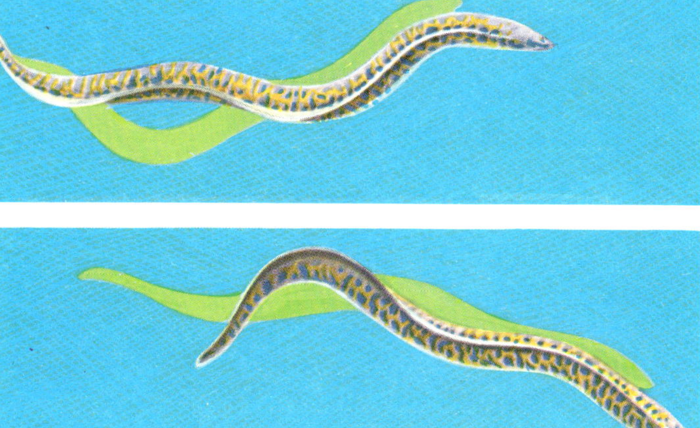

Nur selten wird ein Mensch angefallen und muß sich schnell an Land retten. Meistens greift das Tier nur an, um sich zu schützen und zu verteidigen. Sein Biß ist sehr schmerzhaft, und die Wunde wird vom giftigen Schleim der Mundhöhle infiziert.

In ihrer ganzen Länge bewegt sich die Muräne wellenförmig im Wasser, wie eine Schlange auf dem Festland. Ihr kräftigster und wichtigster Körperteil ist ihr Schwanz. In ihm sitzen die meisten Muskeln, und das Tier kann sich mit ihm geschickt verankern.

Die Sepia

Erst vor kurzer Zeit hat der Mensch entdeckt, daß das schnellste Antriebsmittel der Düsenmotor ist. Doch schon vor vielen Millionen Jahren machten sich die Sepien diesen Antrieb zunutze. Mit dem Unterschied, daß der Motor statt an der Luft im Wasser funktioniert. Es ist das Wasser selbst, das eingesaugt und kräftig ausgestoßen das Tier antreibt. Mit Hilfe von wellenförmigen Bewegungen ihres Flossensaums kann die etwa 35 cm lange Sepia jedes Manöver aus-

führen. Dennoch bewegt sich unser „Düsenkopffüßer" nur selten, er zieht es vor, regungslos auf dem Grunde zu liegen. Jedoch fehlen der Sepia keineswegs Hilfen, mit denen sie sich vor Angreifern schützen kann: Zunächst kann sie sich hinter einer schwarzen Farbwolke verstecken; dann hat sie die Gabe, sich zu tarnen, wobei ihr Körper jeweils das Aussehen des Grundes annehmen kann, auf dem sie liegt und gleicht sowohl rauhen, kantigen Felsen, als auch den wogenden Algen. Sonst gibt es nichts mehr zu sagen als: Die bescheidene Sepia hat von der Natur eine schöne „Ausstattung" erhalten.

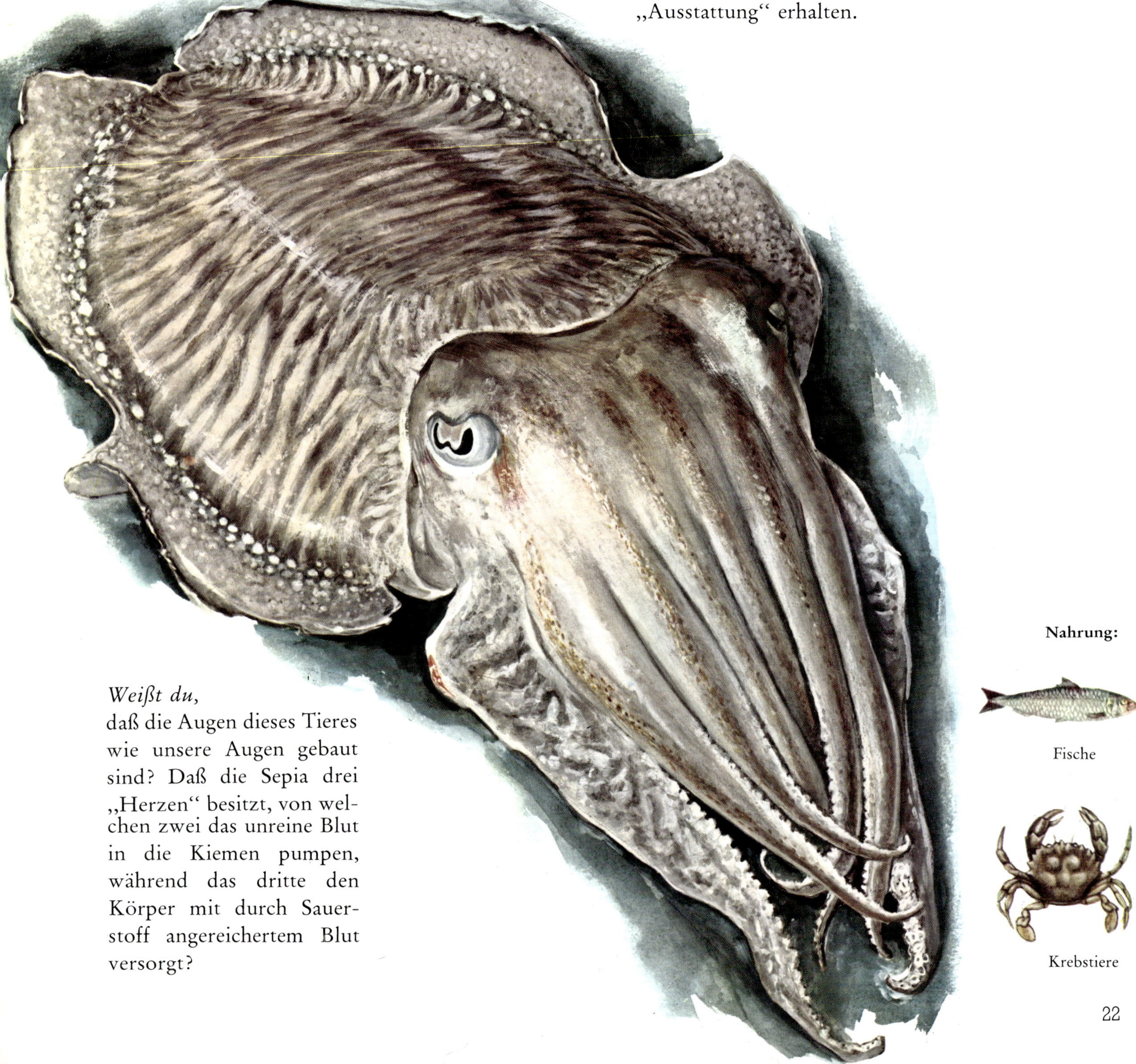

Weißt du,
daß die Augen dieses Tieres wie unsere Augen gebaut sind? Daß die Sepia drei „Herzen" besitzt, von welchen zwei das unreine Blut in die Kiemen pumpen, während das dritte den Körper mit durch Sauerstoff angereichertem Blut versorgt?

Nahrung:

Fische

Krebstiere

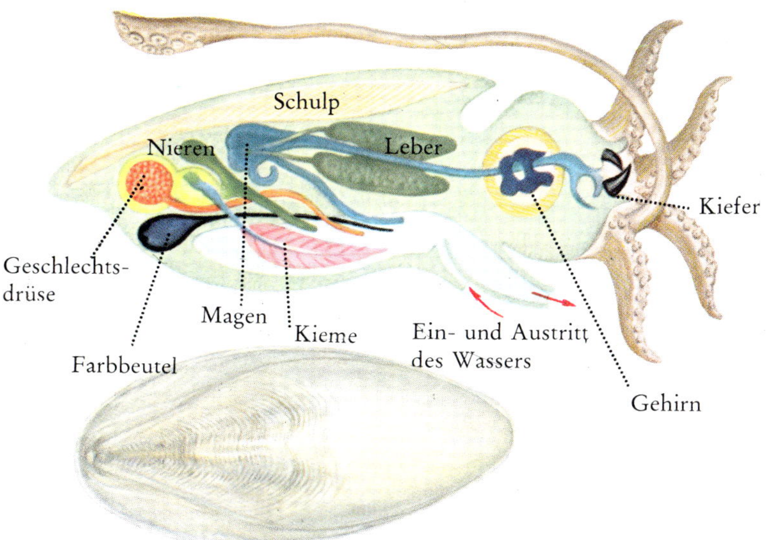

Hier siehst du im Längsschnitt eine Sepia mit all ihren lebenswichtigen Organen. Der Schulp der Sepia, der den Kanarienvögeln zum Wetzen ihrer Schnäbel gegeben wird, ist in Wirklichkeit eine innere Weichtierschale: wie die Schnecken ist die Sepia ein Weichtier.

Mit ihren zwei langen, mit Saugnäpfen versehenen Fangarmen, die sie gewöhnlich zusammengelegt hat, packt die Sepia die Beute und führt sie anschließend zum Maul. Manchmal läuft sie auch aufrecht auf ihren acht „Armen".

Hungrig hat sich der Katzenhai ganz langsam genähert. Wie ein Kriegsschiff umnebelt sich die Sepia mit einer Wolke, wird dadurch für den Feind unsichtbar und entfernt sich wie eine Rakete.

Sobald die Sepia auf einen Feind trifft, zeigt ihr Rücken zwei schwarze Flecken (siehe auch vorhergehendes Bild). Hier steht sie einem Hummer mit furchtbaren Scheren gegenüber, aber die scharfen gekrümmten Kiefer der Sepia sind nicht weniger gefährlich.

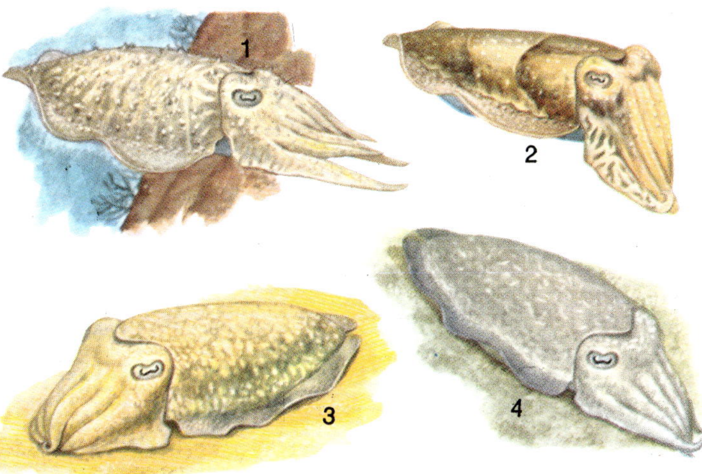

Das „Hochzeitskleid" der Sepia ist hübsch schwarz-weiß gestreift und manchmal auch leicht purpurn gefärbt. Das Männchen wird so stark vom Weibchen angezogen, daß Fischer gelegentlich die Weibchen als Köder benutzen, um die Männchen zu fangen.

Aber diese Färbung der Sepia ist nicht die einzige Veränderung. Bald ist die Haut knotig, bald glatt und gelb, dann wieder ganz grau: sie besitzt zahlreiche Tarnmöglichkeiten. Wenn sie ungestört ist, erscheint auf dem Rücken ein heller Fleck.

Der Kormoran

Im Kormoran vereinen sich Schönheit, Kraft und Anmut. Er stammt aus dem Fernen Osten. Dieser Vogel läßt sich sogar — das ist eine alte Kunst der japanischen Fischer — zum Fischfang abrichten. Sonst aber ist der Kormoran scheu und meidet den Menschen. In großen Schwärmen lebt er an den Küsten. In der Morgendämmerung und am Nachmittag sind die Stunden, in denen er auf Fischfang ausgeht. Seiner Größe entsprechend, er kann bis zu 90 cm lang werden, darf die Beute nicht zu gering sein, er ist immer hungrig — aber leider auch ein bißchen faul. Fischt er nicht, döst er vor sich hin und hält seinen Verdauungsschlaf. Der Brutpflege widmet er viel Mühe und Zeit. Vier Wochen, nachdem die Mutter drei bis vier Eier gelegt hat, schlüpfen die kleinen Kormorane aus. In einer Kormorangemeinschaft herrscht Gleichberechtigung, und so kümmern sich beide Eltern um die Kinder und füttern sie. Eines Tages aber sind die Kleinen groß genug, ihre Schnäbel in den Hals der Eltern zu stecken und sich daraus ihre schon vorverdaute Nahrung zu holen.

Weißt du,
daß ein Kormoran die Strecke von Gibraltar nach Algeciras (9,27 km) in weniger als 3 Stunden geschwommen ist?

Nahrung:

Fische

Krebstiere

Das Kormoranmännchen taucht nach Material für den Nestbau und übergibt es dann dem Weibchen. Das Weibchen bestimmt, wo das Nest für die neue Familie gebaut werden soll.

Kormorane sind sehr starke Vögel. Oft brechen sie in die Kolonien von Raben und Reihern ein und treiben sie aus ihren Nestern. Die erbeuteten Wohnungen verstärken sie mit Binsen und Zweigen und lassen sich darin nieder.

Die Kormorane können mit ihren Schwimmfüßen sehr schnell schwimmen und bis zu 10 m tief tauchen. Dabei benutzen sie nur selten ihre Flügel. Beim Fischfang ist ihr scharfer Blick von großem Nutzen.

Salz, das sie mit Meereswasser und Fischen aufnehmen, scheiden Sie durch Salzdrüsen oberhalb des Schnabels wieder aus. Kormorane fressen auch gern Aale, die sich aber, wie man sieht, als wehrhafte Beute erweisen können.

Nach jedem Untertauchen müssen die Kormorane ihr wasserdurchlässiges Federkleid an der Sonne trocknen. Die hungrigen Kleinen stecken nacheinander den Kopf in den Schnabel der Mutter, die die Nahrung schon vorverdaut hat.

In Japan werden Kormorane zum Fischfang abgerichtet. Durch einen Ring um ihren Hals können die Kormorane ihre Beute nicht fressen und sind dadurch gezwungen, sie abzuliefern.

Die Edelkoralle

In der Unterwasserwelt gibt es keinen Wechsel der Jahreszeiten, sondern immerwährenden, dunklen, stillen Frühling. Wenn der Scheinwerfer eines Tauchers die Dunkelheit des Meeres erhellt, erkennt man, wie reich an Farben diese fabelhafte geheimnisvolle Welt auch an unzugänglichen und versteckten Orten ist. Da erblickt man plötzlich eine Edelkoralle, ist von ihren bizarren Formen und ihrer intensiven Farbe begeistert. Dieses Schmuckstück der Meereswelt bietet in seiner Pracht einen der bezauberndsten Anblicke unter Wasser. Das 20—25 cm hohe „Zauberbäumchen" wächst in temperiertem Wasser in 20—30 m Tiefe. Wenn wir es näher betrachten, entdecken wir außer den Zweigen, deren Farbe an rotglühendes Eisen erinnert, auch kleine, weiße Polypen, die kleinen Sternen ähnlich aus der Gallertrinde herausschauen.

Gerät ein kleines Tier zwischen die fleischigen „Haare" des Polypen, schließen sich diese plötzlich wie Fangarme und verschlingen es. Diese Einzelpolypen sind jedoch nicht nur ausschließlich mit der Jagd beschäftigt. Sie scheiden kalkartige Substanzen aus, und bauen damit an dem Gerüst einer Korallenkolonie und geben so Korallenbänken Form und Struktur. Vielen Menschen bringt diese Arbeit Gewinn. Sie entreißen die natürlichen Schönheiten dem Dunkel des Meeres und fertigen elegante Kunstgegenstände daraus.

Weißt du,
daß die Edelkoralle schon von den alten Griechen bearbeitet wurde? Daß in tropischen Gewässern Formationen anderer Korallenarten sogar ausgedehnte Riffe und tausend Kilometer lange Barrieren bilden, ja sogar Inseln, wie z. B. die berühmten Atolle im Pazifik?

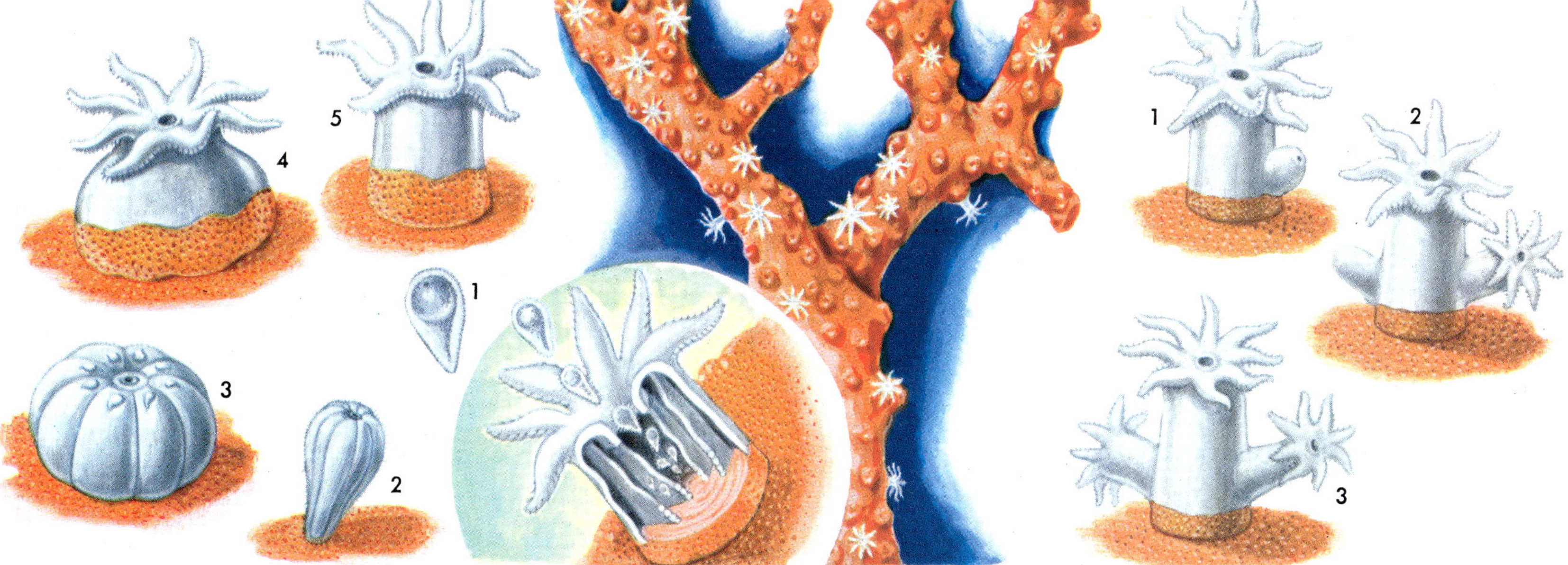

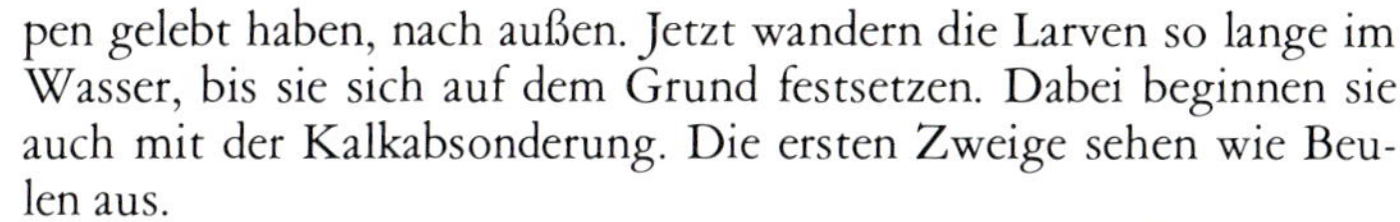

In dem Kreis siehst du den Längsschnitt eines Einzelpolypen, der Edelkoralle. Gut kann man erkennen, wie sich die Eizellen entwikkeln. Sie lösen sich von der Magenwand wie kleine Seifenblasen, vergrößern sich und gelangen, nachdem sie einige Zeit in dem Polypen gelebt haben, nach außen. Jetzt wandern die Larven so lange im Wasser, bis sie sich auf dem Grund festsetzen. Dabei beginnen sie auch mit der Kalkabsonderung. Die ersten Zweige sehen wie Beulen aus.

Zur Verteidigung zieht die Koralle die ausgestreckten Fangarme ihrer Polypen zurück. Diese Fangarme sind gleichzeitig Münder, in die umherschwimmende Kleintiere gelangen. Im Querschnitt rechts siehst du, wie die Nahrungsaufnahme vor sich geht.

Wegen der seltsamen Form seines Maules und wegen seiner lebhaften Farben wird dieser Fisch auch Papageifisch genannt. Doch wenn er die Kalkschale der Koralle zerbeißt, sieht er fast wie ein Hund, der einen Knochen zerbeißt, aus.

Die bunten Verwandten der Edelkoralle: Links unten eine Gruppe orangefarbener Sternkorallen, darüber der Meeresfächer, neben ihm die Seemannshand, die wechselfarbige Hornkoralle, die Steinkoralle, die Seefeder und die Gelbe Hornkoralle.

Es gibt natürliche Korallenzuchten, die mit einem besonderen Gerät vom Grund gefischt werden. Die wertvolle Edelkoralle wird in der Schmuckindustrie verarbeitet. Aus den riesigen Steinkorallenablagerungen werden sogar Blöcke für den Hausbau gewonnen.

Das Seepferdchen

Lustig und vergnügt sieht er aus, der kleine Kerl mit der Kopfform eines Schlachtrosses.

Betrachtet man ihn auf dem Bild, stellt man sich vor, daß er munter und lebhaft im Meer herumschwimmt. Doch weit gefehlt!

Das Seepferdchen, so heißt unser Meeresschlachtroß, nach seinem länglichen Maul nämlich, hat mit einem temperamentvollen Pferd außer dem Namen nichts gemeinsam.

Das kaum 15 cm lange Fischchen, das mit vieleckigen Knochenplatten anstatt mit Schuppen bedeckt ist, bewegt sich nur sehr langsam und vermeidet starke Meeresströmungen. Gerne steht es aufrecht und unbeweglich still im Wasser und beobachtet die Umwelt. Seitlich am Kopf hat es zwei Schwimmflossen, die ihm helfen, das Gleichgewicht zu halten. Mit seinen beiden, voneinander unabhängig beweglichen Augen hält es ständig wachsam nach Beute Ausschau. Viele Stunden am Tag ist das Seepferdchen mit Nahrungssuche beschäftigt. Jedesmal, wenn ein Schwarm kleiner Krebstiere vorüberzieht, saugt das Seepferdchen die Tierchen wie ein Staubsauger an und verschlingt sie.

Bei Gefahr versteckt es sich in dichten Seegraswiesen.

Weißt du,
daß das Seepferdchen als einziger Fisch aufrecht schwimmt? Daß aber die jungen Seepferdchen kurze Zeit in der Horizontale schwimmen?

Nahrung:

Kleine Lebewesen

Die winzigen „Seeponys" passen sich in ihrer Farbe der Umgebung an. Schon bei der geringsten Gefahr verlieren die prächtigen Farben ihre Leuchtkraft und gleichen sich an.

Während der Paarungszeit geben die Seepferdchen leichte Trommeltöne von sich. Wie bei einem Tanz steigen sie hoch, lassen sich wieder absinken, verbeugen sich voreinander und nähern sich einander, als wollten sie sich küssen.

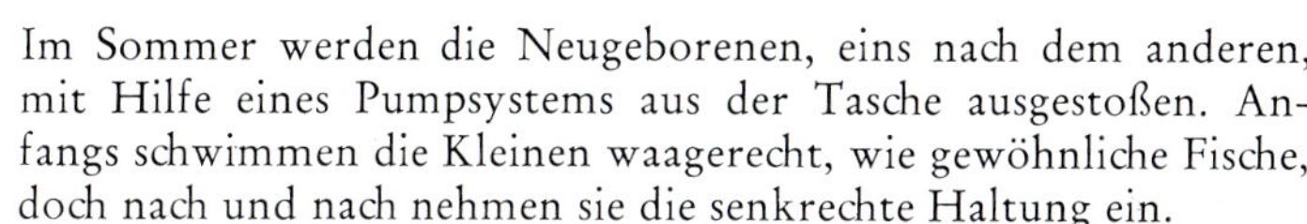

Hier siehst du etwas ganz Seltsames: Das Weibchen lehnt sich an das Männchen und läßt die Eier in die Bauchtasche des Männchens fallen. In dieser Tasche, die wie der Beutel eines Känguruhs aussieht, entwickeln sich die befruchteten Eier.

Im Sommer werden die Neugeborenen, eins nach dem anderen, mit Hilfe eines Pumpsystems aus der Tasche ausgestoßen. Anfangs schwimmen die Kleinen waagerecht, wie gewöhnliche Fische, doch nach und nach nehmen sie die senkrechte Haltung ein.

Mitten in den Algen leben auch die zerbrechlich aussehenden Verwandten der Seepferdchen, die Seenadeln, die ähnliche Lebensgewohnheiten wie das Seepferdchen haben. Auch sie besitzen eine Bauchtasche für die Jungen.

Der Fetzenfisch, das australische Seepferdchen, ist eine seltsame Kreatur. Es besitzt Fortsätze, die wie Algen aussehen, und kann sich wie das Chamäleon wunderbar seiner Umgebung anpassen.

Die Meeräsche

Wer von uns hat noch nie beim Anblick eines im Wasser herumjagenden Fisches diesen wegen seiner Bewegungsfreiheit und seiner Geschmeidigkeit beneidet? Vielleicht ruft kaum ein anderer Fisch als die Meeräsche diese spontane Begeisterung hervor, so schwungvoll, so unberechenbar in ihrem Temperament und zugleich so elegant in ihren Bewegungen ist sie. In salzhaltigen Lagunen oder entlang der Brandungsriffe kann man sie finden, wie sie fast an der Oberfläche unermüdlich hin und her schwimmt. Doch das Fleisch der Meeräsche schmeckt viel zu gut, als daß der Mensch nur ihre Entwicklung bewundert. Mit Angeln, Netzen und Unterwasserharpunen wettstreiten die Fischer miteinander, diesen Meisterschwimmer zu fangen, der 80 cm lang und 6 kg schwer werden kann. Doch wie bereits erwähnt, ist unser Fisch launisch, unberechenbar und sehr mißtrauisch, so daß er nur selten anbeißt. Oftmals muß ein Fischer tatenlos dem fröhlichen Treiben von einem Dutzend dieser Fische um seine unnütze Angel zusehen, so als wollten sie sich über ihn lustig machen.

Weißt du,

daß die Meeräsche auf der Flucht im Zickzack schwimmt, um ihren Verfolger nicht aus den Augen zu lassen und diesen einmal mit dem einen und dann mit dem anderen Auge beobachtet? Daß aus den Eiern der Meeräsche eine Art Kaviar bereitet wird?

Nahrung:

Kleine Organismen (Plankton)

Es scheint seltsam, daß ein so gefräßiger Fisch wie der Seebarsch in seinem Jagdgebiet die Meeräschen duldet. Beide Arten leben brüderlich beisammen. Der Seebarsch spielt sogar Polizei und vertreibt andere Eindringlinge.

Unter gelblichem Schaum erscheinen plötzlich eins, zwei, zehn dunkle Körper: es sind Meeräschen, die unbeweglich senkrecht stehend mit dem fast zahnlosen Maul nahrhafte Kleinsttiere aufsaugen.

Wie ein Rudel hungriger Wölfe verfolgen die Haifische die Meeräschen und treiben sie in eine ausweglose Bucht. Dann greifen sie an und beginnen ein schmackhaftes Mahl.

Wenn die Meeräschen von Raubfischen verfolgt werden oder in einem Netz zusammengetrieben wurden, suchen sie immer noch einen Ausweg und springen in alle Richtungen, manchmal sogar aufs Trockene.

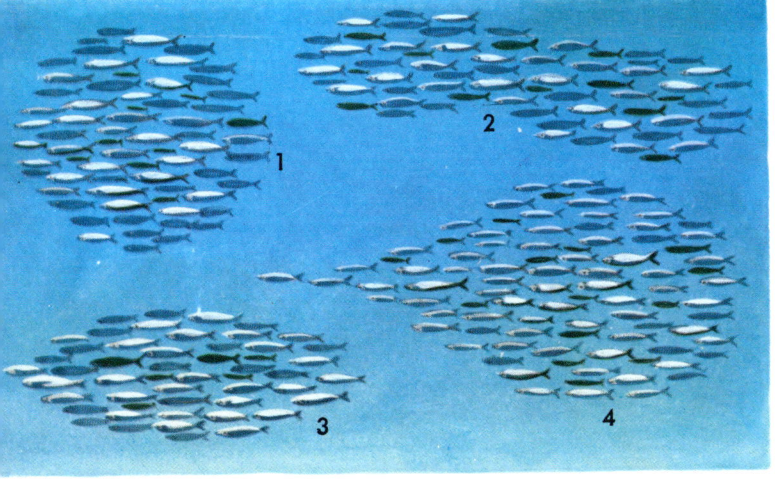

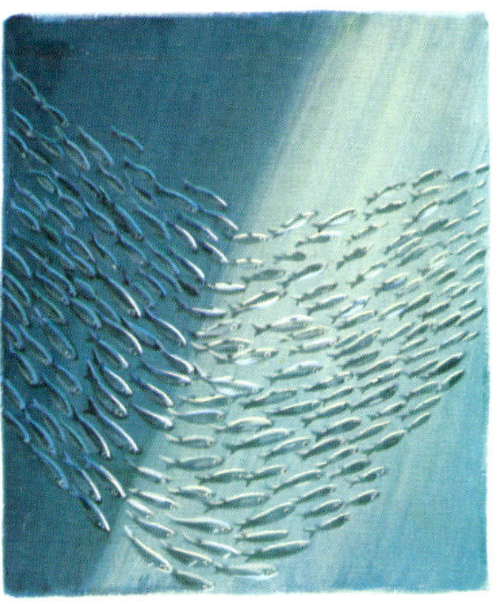

Verschiedene Schwarmformen: Kugelförmig (1), während der Paarungszeit und im Winter, plattenförmig (3), wenn sie sich der Oberfläche nähern, pantoffelförmig (2) oder tropfenförmig (4), auf Nahrungssuche.

Es genügt schon ein Sonnenstrahl, und ein dichter Schwarm Meeräschen ändert plötzlich die Richtung. Diese Fische bewegen sich so gleichmäßig wie Paradesoldaten im Gleichschritt.

Das Meerneunauge

Hier zeigen wir dir den Blutsauger der Meere. Auf den ersten Blick sieht dieser lange, zylindrische und klebrige Körper, mit der weißlich grauen Farbe, die durch Flecken und Striche wie Marmor wirkt, wie ein Aal aus, der ungewöhnlich gefärbt ist. Aber dann, wenn man erfährt, daß sich dieses Maul niemals schließt (ist dieser mit spitzen Zähnen umrandete Trichter wirklich ein Maul?), dann kommen einem Zweifel, ob dieses Tier wirklich ein Fisch ist. In der Tat ist das Meerneunauge kein Fisch, sondern gehört zur Klasse der Rundmäuler, die durch das Fehlen von Kiefern gekennzeichnet sind und deren Ernährung darin besteht, das Blut anderer Fische zu saugen. Es ist etwa einen Meter lang und ein Kilogramm schwer und hat sehr schmackhaftes Fleisch. Wie könnte es auch in Anbetracht dieser Diätkost anders sein?

Weißt du,
daß das Weibchen des Meerneunauges bis zu 240 000 Eier legt und, da viele von Fischen gefressen werden, sich nur wenige davon entwickeln?

Zur Paarungszeit verlassen die Meerneunaugen das Meer und schwimmen die Flüsse hinauf. Auf ihren Wanderungen machen sie sich die Lachse zunutze, an die sie sich anheften. Im Kreis siehst du das Innere des Maules eines Neunauges.

Wenn es an Transportmitteln fehlt, bewegen sich die Lampreten mit Hilfe ihres saugnapfähnlichen Maules fort: in Sprüngen können sie Wasserfälle und kleine Stauseen überwinden. Sie sind die besten „Bergsteiger" unter den Wasserbewohnern.

Das Männchen baut das Nest. Mit seinem Maul schiebt es Steinchen beiseite und bildet dadurch einen runden oder ovalen Platz aus weichem Sand. Dann strömt es besondere Duftstoffe aus, um ein Weibchen an diesen Ort zu locken.

Nach der Eierablage sind die Meerneunaugen, die während der Fortpflanzung nicht fressen, so schwach, daß sie in der Strömung zu Tal treiben und sterben. Dann finden die Fischotter ein reiches Mahl.

Die Larve des Meerneunauges, der Querder, lebt und entwickelt sich im Schlamm und ernährt sich von Mikroorganismen. Wenn sie dann nach 2–5 Jahren ausgewachsen ist, hängen sie sich irgendwo saugend fest, ja sogar an einen Schuh.

Die jungen Meerneunaugen lassen sich durch das Wasser die Flüsse hinabtreiben und gelangen dann ins Meer. Dort stürzen sie sich auf Fische und saugen sich an allen erreichbaren Lebewesen fest. Hier sind Dorsche ihre Opfer.

Der Seeigel

Entlang den Klippen kannst du unter Wasser diese kleinen stacheligen Kappen, die Kastanienschalen gleichen, verstreut herumliegen sehen. Doch du irrst dich, wenn du glaubst, diese Hunderte von Stacheln dienen dem im Durchmesser ungefähr 10 cm großen Seeigel nur als schützendes Kleid. Sie sind vielmehr seine unentbehrlichen Waffen, die er zu seiner Verteidigung bei einem Spaziergang auf dem Meeresboden und wenn er sich auf die Jagd begibt, braucht. Die zahlreichen beweglichen Stacheln sitzen auf Höckern des dicken Kalkpanzers. Zwischen den Stacheln kommen aus Löchern im Panzer Saugfüßchen hervor, wie wir sie schon vom Seestern her kennen. Sie sind an das innere Wassergefäßsystem des See-igels angeschlossen. Das Tier kann sie lang ausstrekken und wieder verkürzen. Mit ihrer Hilfe bewegt sich der Seeigel fort. Wird unser vielfüßiges Meerestier vom Hunger geplagt, macht es auch vor großen Krebstieren nicht halt. Es greift sie an und frißt die Beute mit Hilfe seiner fünf Zähne, die an seiner Unterseite angeordnet sind. Wenn er seinen Magen gefüllt hat, will der Seeigel ungestört ruhen. Dazu gräbt er sich ein kleines Versteck, in dem er vor dem Jagdeifer seines gefährlichsten Feindes, des Seesterns, sicher ist.

Weißt du,
daß im Frühjahr ein Seeigelweibchen bis zu 20 000 Eier ablegen kann und daß diese Eier von Feinschmeckern bevorzugt werden?

Oft findet man am Strand kleine, unten abgeplattete Bällchen. Diese halbkugeligen Gebilde aus kleinen, zum Teil durchlöcherten Platten sind die Skelette der Seeigel.

Der Seeigel zerkleinert die Nahrung mit den fünf Zähnen seines starken Kauapparates (siehe Kreis oben). Hier siehst du, wie der „Fleischfresser" sich eine Schlauchseescheide munden läßt.

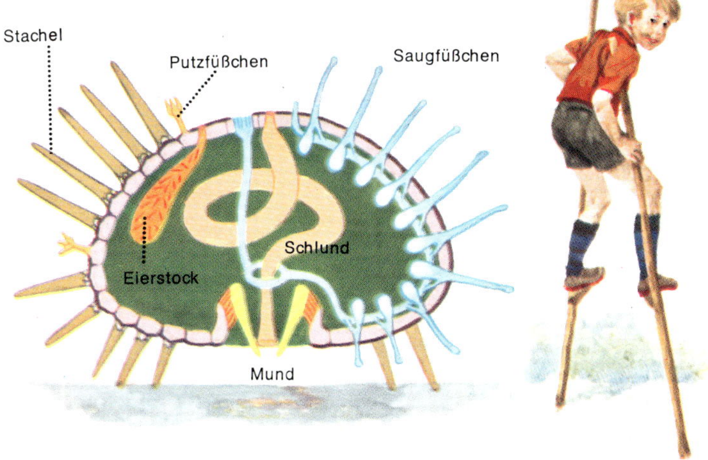

Der Seeigel steht auf seinen Stacheln so ähnlich wie auf Stelzen. Seine Saugfüßchen kann er verlängern, und mit den Blasen an ihren Enden hält er sich an Gegenständen fest.

Der Seeigel bedeckt sich gerne zur Tarnung mit Algen und Muscheln. Doch der Seestern läßt sich nicht so leicht täuschen. Mit den Organen an den Enden seiner Arme wittert er seine Beute und überwältigt den Seeigel.

Nach verschiedenen Entwicklungsstadien erreichen die Larven, die aus im Meer schwimmenden Eiern geschlüpft sind, ihren endgültigen Entwicklungsstand. Eine andere Seeigelart, der Herzseeigel, behütet seine Jungen in besonderen Taschen.

Seeigel findet man in allen Meeren. In der Klasse der Echinodermen gibt es Arten mit bizarren Formen, die jedoch nützlich sind. Links siehst du einen im Sand vergrabenen Seeigel, der mit seinen langen Saugfüßchen nach Nahrung sucht.

Der Tölpel

Hier sieht man einen Wasservogel, man könnte sagen, er führe ein Doppelleben oder besser gesagt – wie bei vielen anderen Vögeln – er habe eine doppelte Persönlichkeit: eine, wenn er an Land ist und eine, wenn er in der Luft oder im Wasser ist. Auf dem Festland widmet sich der Tölpel ganz seiner Familie. Auf schwindelnden Felsgipfeln über dem Meer baut er sein Nest und kümmert sich um die Aufzucht und Ernährung seiner Jungen. Wenn er angegriffen wird, ist er unbeholfen und langsam in seinen Bewegungen und verläßt kopflos und überstürzt das Feld. Doch in der Luft und im Meer ist es ganz anders! Wenn er mit weit ausgebreiteten Flügeln fliegt, gibt er ein Schauspiel voll Eleganz und Akrobatik. Im Wasser kann er meisterhaft schwimmen und taucht aus senkrechtem Flug in große Tiefen. Aber auch wenn er in seichtes Wasser stürzt, kann er trotz seiner hohen Geschwindigkeit plötzlich bremsen, ohne auf Grund zu kommen. Man weiß nicht genau, wie er das anstellt: Wie jeder richtige Könner hat der Tölpel seine „Berufsgeheimnisse".

Weißt du,
daß die Exkremente der Tölpel und anderer Meeresvögel sich zu riesigen Ablagerungen, dem Guano, anhäufen? Daß der Guano ein wertvolles Düngemittel ist? Daß der Tölpel bis zu 90 cm lang wird?

Obwohl der Tölpel ein ausgezeichneter Flieger ist, hat er wegen der kleinen Landefläche Schwierigkeiten beim Landen. Die Kolonien der Tölpel sind sehr dicht bevölkert, und er stürzt zwischen die Gefährten, die ihn mit Schnabelhieben empfangen.

Hier siehst du Tölpel im Sturzflug auf einen Heringsschwarm. Diese Vögel tauchen perfekt und können dabei unter Wasser auch aus vielen Metern Entfernung einen Fisch sehen. Sie wählen das Ziel aus der Höhe und erreichen es immer wie ferngelenkte Geschosse.

Die an der Wasseroberfläche sitzenden Tölpel erhalten manchmal eine unerwartete Mahlzeit. Fliegende Fische springen von Welle zu Welle und werden sofort verschlungen. Das ist eine willkommene Ergänzung ihres Speiseplanes.

Die übermütig spielenden Delphine lassen nach beendeter Mahlzeit viele Reste übrig. Mit viel Eifer sorgt eine Schar von Tölpeln und Möwen für die Beseitigung.

Das erste Bild zeigt einen zärtlichen „Kuß". Das erste Geschenk: das Männchen bietet dem Weibchen einen Leckerbissen an. Bevor das Weibchen sich beim Brüten vom Männchen ablösen läßt, verlangt es von ihm eine besondere Zeremonie, es muß sich oft verbeugen. Um die

anderen nicht durch plötzlichen Start zu stören, warnt sie der Tölpel durch Strecken des Halses, dann stößt er schließlich mit weit geöffnetem Schnabel einen Laut aus. Das Racheninnere ist schwarz wie Lakritze.

Die Meerschildkröte

Die Meerschildkröte ist eines der wenigen Reptilien, die im Wasser leben können. Ihre Beine sind abgeplattet und haben sich fast in Flossen verwandelt, und auf ihre Art schwimmt sie viel geschickter als ihre Sumpfschwestern. Die hier dargestellte Meerschildkröte bewegt wie alle anderen Wasserschildkröten ihre Flossen wie Flügel und ist im Schwimmen so schnell, daß sogar ein Olympiasieger vor Neid erblassen würde. Unsere Schildkröte, die ausgewachsen über einen Meter lang ist und 100 kg wiegt, ist also eines der schnellsten Reptilien, die es gibt. Vorzugsweise lebt sie in warmen Meeren, verachtet aber auch nicht die Wasser des Mittelmeeres und des Nordatlantiks. Diese sonst so schnellen Tiere können aber auch so träge sein, daß es oft scheint, sie seien beim Schwimmen eingeschlafen, und daß sie Fische fangen können, möchte man ihnen dann kaum zutrauen.

Weißt du,
daß die Meerschildkröte 60–150 Eier legt? Daß sie diese im Sand durch die Sonne ausbrüten läßt? Daß ihre Panzer bei den Fischern sehr begehrt sind, weil sie aus den Hornplatten viele Kunstgegenstände herstellen?

Weichtiere

Nahrung:

Fische

Krebstiere

Nachdem die Meerschildkröte mühsam ein Loch am Strand gegraben hat, legt sie die Eier hinein, und bedeckt sie sorgfältig mit Sand, dann kehrt sie ins Meer zurück. Aber oft kommen Landraubtiere, die das ganze Gelege verschlingen.

Nach vierzig bis siebzig Tagen öffnen sich die verschont gebliebenen Eier, und die winzigen Schildkröten begeben sich instinktiv ins Meer. Viele von ihnen werden Opfer der gefräßigen Möwen.

Wenn die Meerschildkröte auf eine Nessel-Qualle stößt, deren giftige Fangarme sie verletzen können, schließt sie sofort die Augen, ihre einzige verwundbare Stelle, und schwimmt ruhig durch die gefährlichen Fäden hindurch.

Der starke Schnabel der Meerschildkröte besitzt keine Zähne, sondern ist geriffelt. Er eignet sich gut, die Schalen der Weichtiere und Krebstiere zu zerbrechen und auch Fische zu packen.

Da die Meerschildkröte so gut gepanzert ist, hat sie außer dem Menschen und den Haifischen kaum Feinde. Für die Haifische ist dank ihrer Geschwindigkeit eine Schildkröte auf der Flucht eine leichte Beute.

Mit 2,50 m Länge und 5–6 dz Gewicht ist die Lederschildkröte ein Riese in ihrer Ordnung. Wegen der berühmten Suppe ist die grünliche Suppenschildkröte die begehrteste. Die Echte Karettschildkröte hat ziegelförmig angeordnete Hornschilder.

Der Schiffshalter

Eigentlich sollte man annehmen, daß der Schiffshalter, der einen spindelförmigen Körper hat und sehr gewandt wirkt, ein guter Schwimmer ist — doch das ist weit gefehlt: Er zieht das bequeme Leben vor und läßt sich am liebsten von anderen mitnehmen. Von der Natur wurde er zu diesem Zweck gleich passend ausgerüstet: oben am Kopf hat er eine Art Saugplatte, mit der er sich vorwiegend an Haie, aber auch an andere Fische, Wasserschildkröten und sogar Schiffe hängt.

Der Schiffshalter reist auf diese Art und Weise Hunderte von Kilometern und fängt dabei reichlich Beute. Manchmal verpflegt er sich aber auch von Resten der Beutetiere seines „Trägers" und reinigt als Gegenleistung diesen dafür von Parasiten. Durch seinen Trägerfisch genießt der Schiffshalter zwar größeren Schutz, läuft aber auch Gefahr, in das Unglück seines Gastgebers hineingezogen und zusammen mit diesem gefischt zu werden.

Weißt du,
daß der Saugnapf des Schiffshalters so stark ist, daß man Mühe hat, den Fisch von dem Gegenstand, an den er sich angesaugt hat, loszutrennen? Daß dieser Fisch normalerweise beim Schwimmen den Bauch nach oben kehrt?

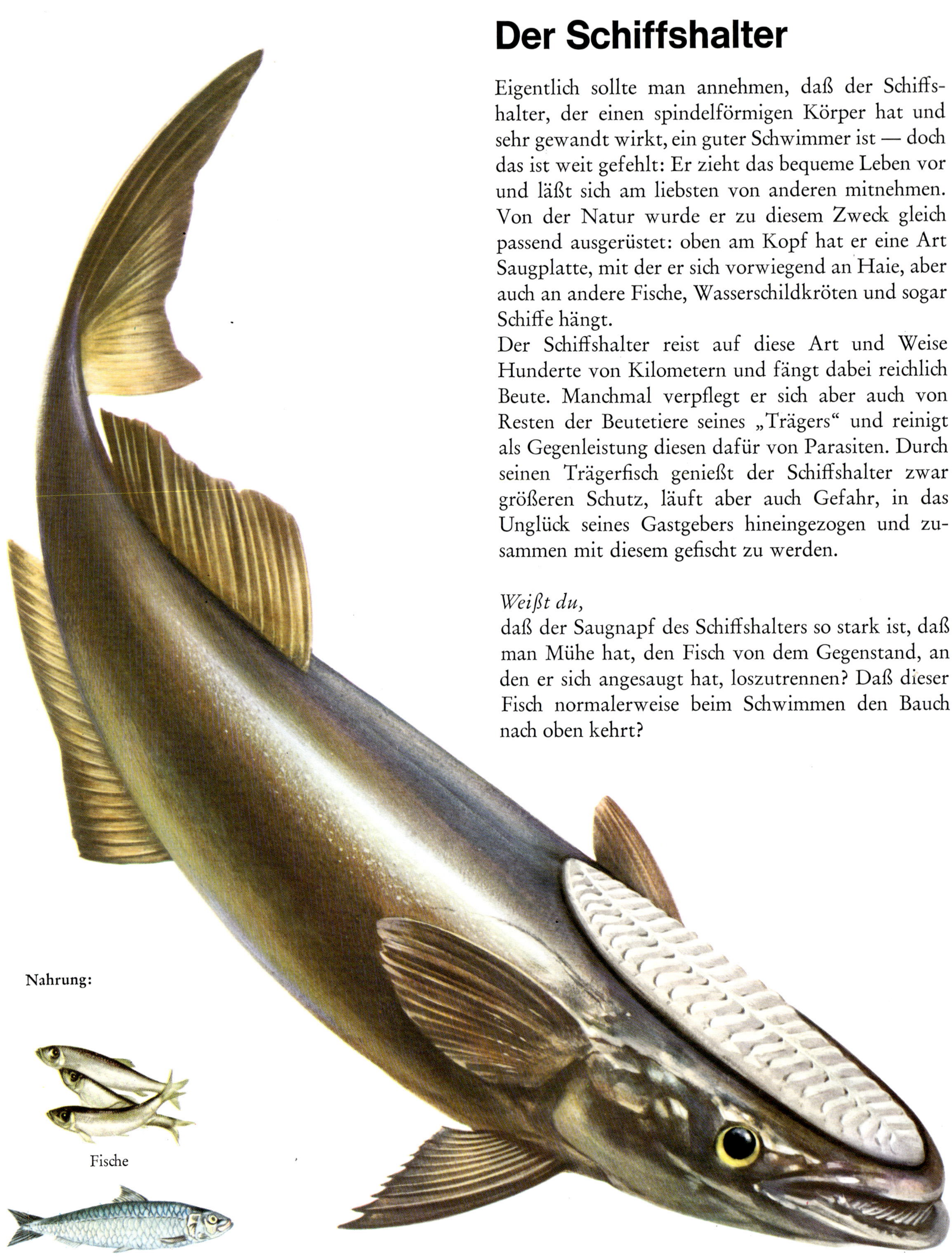

Nahrung:

Fische

Die Schiffshalter sind bei der Auswahl ihres Trägerfisches nicht wählerisch: Sie hängen sich an jeden vorbeiziehenden Fisch – Hauptsache, dieser hat eine bestimmte Größe. Man findet ihn beim Schwertfisch und Hai (mit Pilotfischen im Gefolge), beim wilden Barrakuda, der den gestreiften Schiffshalter beherbergt, beim riesigen Manta, beim Wrackbarsch und sogar beim Mondfisch. An diesen Fischen klammert er sich Stunden, ja sogar Tage fest und wakkelt kaum mit der Schwanzflosse.

Erspäht der Schiffshalter eine Beute, löst er sich plötzlich von seinem Trägerfisch, führt eine halbe Drehung aus, um mehr Antrieb zu bekommen, und verfehlt auf diese Weise niemals ein Ziel.

Der Schiffshalter wird auch zum Fischen eingesetzt. Man läßt ihn mit einer Leine am Schwanz ins Wasser. Hat er sich an einem Beutetier festgesaugt – hier eine Seeschildkröte –, kann man dieses durch Einholen der Leine fangen.

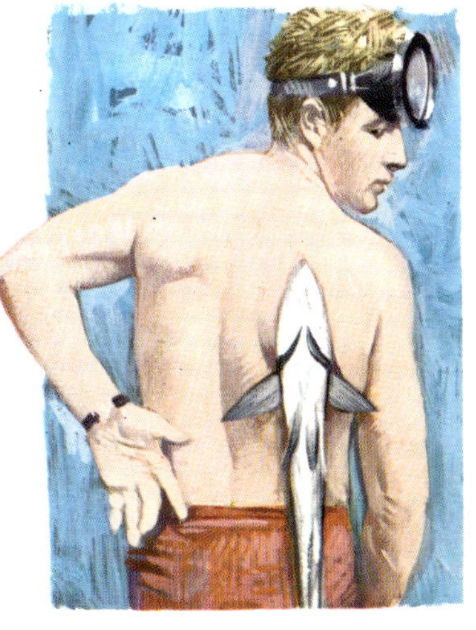

Auch vom Wal läßt sich der Schiffshalter nicht einschüchtern: Er hängt sich an dessen Gaumen und schnappt sich die kleinen Fische, die dieser zusammen mit dem Plankton aufnimmt.

Es kann passieren, daß sich dieser Fisch sogar an den Rücken eines Tauchers heftet. Der Schiffshalter verdankt seinen Namen einer Sage, die erzählt, daß er Schiffe, an die er sich heftete, anhalten konnte.

Die Schwarzgrundel

Klein zu sein, sich nicht verteidigen zu können und dazu noch gut zu schmecken, ist ein großer Nachteil für einen Fisch! Meist wird er im Rachen größerer Vögel oder als bevorzugter Köder an der Angel enden. Das ist das Los der Schwarzgrundel, eines höchstens 18 Zentimeter langen Fischleins. Aber sein Kampfgeist kommt auf, wenn es die Eier der Gefährtin verteidigen muß. Nach ihrem Aussehen kann man von der Schwarzgrundel nicht behaupten, daß sie schön sei mit ihren Dornen und dem „Bulldoggenmaul". Doch in der Paarungszeit überrascht sie uns durch die wunderschönen Farben, die ihr Körper annimmt.

Auf Grund ihrer stromlinienförmigen Gestalt und ihrer Kraft könnte sie ein guter Schwimmer sein. Doch, da sie sich instinktiv vor dem fürchtet, was ihr an der Wasseroberfläche widerfahren könnte, zieht sie es vor, ihr Leben im Sand und zwischen Steinen versteckt auf dem Grund zu verbringen. Sie lebt in den seichten Wassern fast aller europäischen Meere oder in salzhaltigen Lagunen.

Weißt du,
daß dieser Fisch seine Gegner durch Töne abschreckt, die manchmal sogar vom menschlichen Ohr wahrgenommen werden? Daß das Weibchen der Schwarzgrundel seine Eier mit einem klebrigen Schleim an die „Decke" seines Nestes hängt?

Nahrung:

Kleine Krebstiere

Fischbrut

Meereswürmer

Wenn die Schwarzgrundel unbeweglich in ihrem Nest sitzt, verraten nur zwei smaragden schillernde Augen ihre Gegenwart. Die Beute, ein kleiner Krebs, ist in Reichweite gekommen; mit einem schnellen Zustoßen packt sie ihn und schleppt ihn in ihr Nest.

Ist der Sommer gekommen, zieht das Schwarzgrundelmännchen ein buntes Kleid an: Die Paarungszeit ist da. Und wie ein fürsorglicher Hausvater baut es zunächst ein hübsches Nest aus Algen.

Das Haus ist fertig, aber es fehlt die Frau. Hier zeigt sich das Schwarzgrundelmännchen nicht gerade als Kavalier. Sein Werben besteht aus einigen Kopfstößen, die das Weibchen dazu veranlassen sollen, Eier in das Nest zu legen.

Sobald das Weibchen die Eier gelegt hat, hält das Männchen Wache. In dieser Zeit zeigt es große Aufopferung und verteidigt das Nest auch gegen viel größere Fische, hier z. B. gegen einen Kabeljau.

Ein Verwandter der Gemeinen Schwarzgrundel, die Sandgrundel, nistet in Muschelschalen. Das Männchen säubert mit Schwanzschlägen das Nest und bewacht dann die vom Weibchen gelegten Eier.

Hier siehst du die Schwarzgrundel des Mittelmeeres und die seltene Goldgrundel. Die Grundel der Philippinen ist mit neun Millimeter Länge der kleinste Fisch und zugleich das kleinste Wirbeltier der Erde.

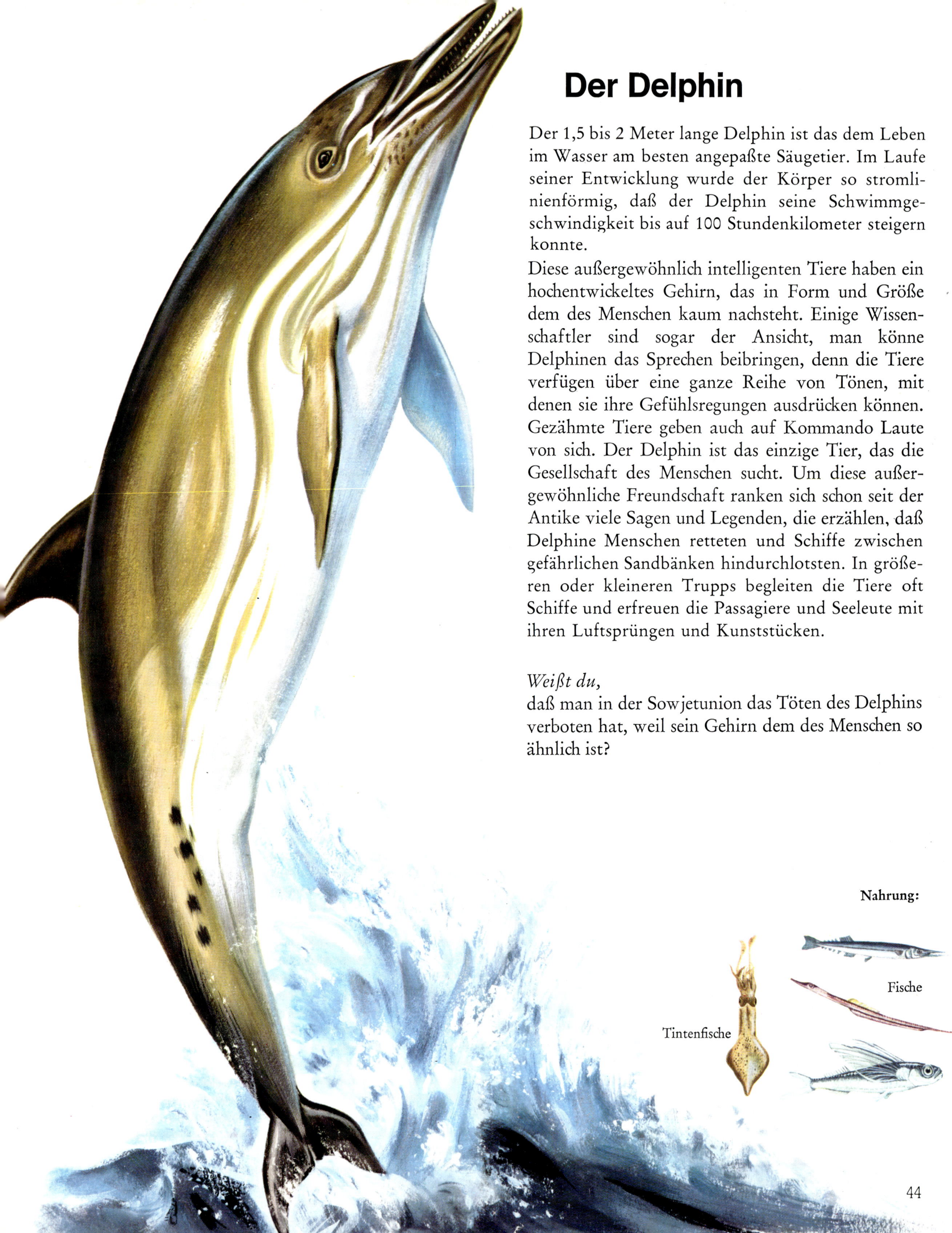

Der Delphin

Der 1,5 bis 2 Meter lange Delphin ist das dem Leben im Wasser am besten angepaßte Säugetier. Im Laufe seiner Entwicklung wurde der Körper so stromlinienförmig, daß der Delphin seine Schwimmgeschwindigkeit bis auf 100 Stundenkilometer steigern konnte.

Diese außergewöhnlich intelligenten Tiere haben ein hochentwickeltes Gehirn, das in Form und Größe dem des Menschen kaum nachsteht. Einige Wissenschaftler sind sogar der Ansicht, man könne Delphinen das Sprechen beibringen, denn die Tiere verfügen über eine ganze Reihe von Tönen, mit denen sie ihre Gefühlsregungen ausdrücken können. Gezähmte Tiere geben auch auf Kommando Laute von sich. Der Delphin ist das einzige Tier, das die Gesellschaft des Menschen sucht. Um diese außergewöhnliche Freundschaft ranken sich schon seit der Antike viele Sagen und Legenden, die erzählen, daß Delphine Menschen retteten und Schiffe zwischen gefährlichen Sandbänken hindurchlotsten. In größeren oder kleineren Trupps begleiten die Tiere oft Schiffe und erfreuen die Passagiere und Seeleute mit ihren Luftsprüngen und Kunststücken.

Weißt du,
daß man in der Sowjetunion das Töten des Delphins verboten hat, weil sein Gehirn dem des Menschen so ähnlich ist?

44

Wegen seiner Kunststücke wird der Delphin auch „Clown des Meeres" genannt. Schiffe werden von den Tieren oft meilenweit mit Luftsprüngen und Kapriolen begleitet. Dann wieder recken sie den Kopf aus dem Wasser und verharren ganz still.

Zur Paarungszeit springt der Delphin im Wasser umher und umschwärmt das Weibchen. Der kleine Delphin wird unter Wasser geboren und von der Mutter gleich darauf mit Maulstößen an die Oberfläche getrieben, damit er atmen kann.

Durch verschiedene Töne, die der Delphin ausstößt und deren Echo er auffängt, kann er die Größe und Entfernung und sogar die Form von Gegenständen unter Wasser feststellen. Die meisten Delphin-Laute sind für den Menschen nicht hörbar.

Schwärme von Delphinen greifen sogar Haie an. Da diese ein knorpeliges Skelett haben, sind ihre inneren Organe nicht vor den heftigen Stößen der Tiere geschützt. Verwundete Delphine werden von den hilfsbereiten Gefährten in Sicherheit gebracht.

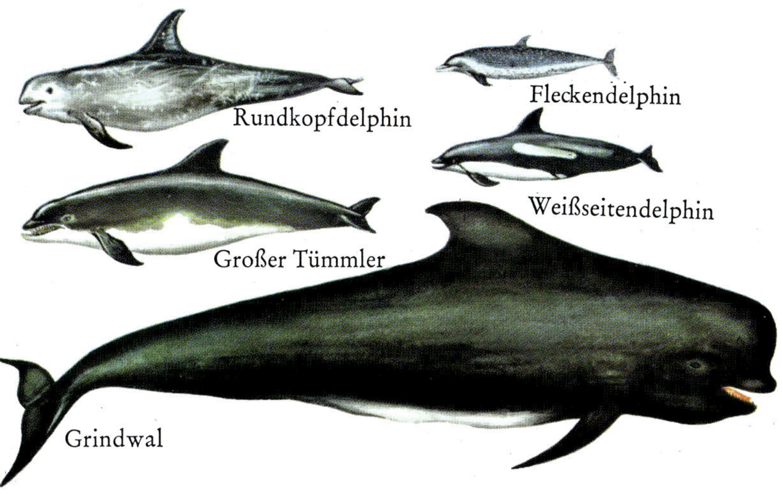

Der Tümmler-Delphin ist leicht zu zähmen. In großen Aquarien spielt er mit Bällen, springt bis zu 7 Meter hoch und „singt" sogar! Es gibt unter den Delphinen auch Albinos, die vollkommen weiß sind und rosa Augen haben.

Wir kennen 40 verschiedene Delphinarten. Der größte ist der schwarze Grundwal. Delphine sind in allen Meeren zu finden. Es gibt aber auch Fluß-Delphine, z.B. im Ganges, im Amazonas und im Jangtse. Sie sind hier nicht abgebildet.

Künstlerische Leitung: Rinaldo D. D'Ami
Textredaktion: Mario Faustinelli, Egidio F. Bregani
Bildredaktion: Carlo Acciarino
Illustratoren: Sergio Budicin, Tino Chito, Cesare Colombi, Domenico di Leo, Natale Fedeli, Guiseppe Festino, Ezio Giglioli, Dante Masi, Bruno Pennisi, Guiseppe Signorello, Carol Thole, M. Fausta Vaglieri, Gino Vigotti, Guido Zucca
Recherchen: Lorenzo Orlandi
Herausgeber: Produzioni Editoriali D'Ami

Neu zusammengestellt aus den Bänden „Tiere an Strand und Küste", „Tiere in Wind und Meer" und „Tiere aus Ozean und Tiefsee".
Titel der Originalausgaben: „Guarda e Scopri Gli Animali della Spiaggia e della Costa", „… Gli Animali del Mare e della Laguna" und „… Gli Animali dell' Oceano e degli Abissi".
© 1968, 1969 Casa Editrice AMZ und Produzioni Editoriali D'Ami, Mailand
Titel der Originalausgabe des neu zusammengestellten Bandes: „Guarda e Scopri Gli Animali del Mare e della Costa"
© 1986, Casa Editrice AMZ und Produzioni Editoriali D'Ami, Mailand

Aus dem Italienischen übersetzt von Ingeborg Unterreiner

Umschlaggestaltung: Creativ GmbH, Ulrich Kolb, Stuttgart
unter Verwendung dreier Illustrationen von Produzioni Editoriali D'Ami

CIP-Kurztitelaufnahme der Deutschen Bibliothek

Tiere von Meer und Küste : [neu zsgest.] /
[künstler. Leitung: Rinaldo D. D'Ami. Aus d.
Ital. übers. von Ingeborg Unterreiner]. –
Stuttgart : Franckh, 1986.
(Bunter Kinder-Kosmos)
Einheitssacht.: Guarda e scopri gli animali
del mare e della costa
ISBN 3-440-05610-4
NE: D'Ami, Rinaldo D. [Hrsg.]; EST